A GESTÃO DE PROJETOS
NA INDEPENDÊNCIA FINANCEIRA

FINANCIAL INDEPENDENCE

CRIE SEU PROJETO DE LIBERDADE

DÉBORA OLIVEIRA AIETA DE MELO

DÉBORA OLIVEIRA AIETA DE MELO

A GESTÃO DE PROJETOS NA INDEPENDÊNCIA FINANCEIRA: CRIE SEU PROJETO DE LIBERDADE

1ª edição

Débora Aieta

Rio de Janeiro

2019

A GESTÃO DE PROJETOS NA INDEPENDÊNCIA
FINANCEIRA: CRIE SEU PROJETO DE LIBERDADE

© 2019 – por Débora Oliveira Aieta de Melo
Primeira edição – junho 2019

Capa
Maurício Aieta

Diagramação interna
Débora Aieta

Contato da autora
E-mail: aietadebora@gmail.com
ZAP: 55 (21) 98090-6243

Dedicatória

Ao meu Pai do Céu que é o dono do ouro e da prata;

Ao meu irmão Jesus Cristo, seu Filho, que pagou um alto preço por mim, preço de sangue, mesmo que eu não valesse nada;

Ao Espírito Santo que está tão perto, mora comigo, dentro de mim e que me faz prosperar, superabundar em coisas que o dinheiro não compra;

É notório que quero alcançar minha independência financeira, mas de Deus, dependerei a vida inteira, na verdade, eternamente, não vivo sem Ele!

Ao marido que Deus me deu, Carlos Maurício, que ainda que alguém desse todos os bens para ficar no lugar dele seria de todo desprezado;

Aos meus filhos, herança do Senhor, Moriah e Daniel;

Aos meus pais, José e Maria de Fátima, meus exemplos, que me ensinaram que é possível ser próspero, independentemente de quanto se ganha e que sempre investiram em mim;

E a você, meu caro leitor; que investiu neste livro, que ele te faça crescer em sabedoria e conhecimento para que tenhas acesso à verdadeira riqueza e que seus sonhos se tornem projetos bem-sucedidos. Deus te abençoe! Estou certa disto!

Débora Oliveira Aieta de Melo

Sumário

UM POUCO DE MIM

Meu nome é Débora Oliveira Aieta de Melo, o "Aieta" recebi no início do meu projeto, no dia 19 de janeiro de 2008, chamado "Casamento", que está sendo executado até hoje e já teve duas entregas notórias, de alto impacto, uma chamada Moriah de 7 anos e a outra chamada Daniel de 2. De acordo com o cronograma, o encerramento deste projeto está previsto para o dia que eu for para o céu ou o Carlos Maurício, afinal "até que a morte os separe".

Eu não tenho faculdade de Economia, nem outra qualquer na área financeira, mas tenho aprendido com Deus, com a vida, com as pessoas e buscando conhecimento no que me importa.

Aos 13 anos de idade tinha certeza que queria ser da área de Informática, aos 30 deixei de ter completamente, aos 32 estou redescobrindo meu caminho...

Sou graduada em Tecnologia em Informática, pós-graduada em Gestão de Projetos, analista de sistemas numa multinacional. Estou em transição... Devido a minha queda por finanças, recebi e agarrei a oportunidade para migrar para o setor de Orçamento de TI (Tecnologia da Informação) na mesma empresa.

Estou motivada com os aprendizados que tenho pela frente, numa área que me fascina, que tenho prazer e recebendo "patrocínio" para isto, ou seja, meu salário, para investir no meu projeto de Independência Financeira. A meta nesta nova gerência é reduzir as despesas, então estamos de acordo, pois este é o objetivo da minha vida financeira: **Reduzir as despesas e aumentar os investimentos!**

Sou a Débora que confia em Deus, filha dele por adoção, evangelista a quem foi dado o dom do amor. Também sou mãe, esposa, filha, mulher, amiga, escritora, palestrante **e posso ser mais o que quiser, pois me sinto livre para isto.**

Aprendi com meus pais, morando até meus 21 anos de idade em comunidade que **ser próspero não é ser rico e sim não ter falta de nada!**

Aprendi com meu marido que não adianta ser ótima no planejamento, tem que ter execução também.

Gosto de fazer cursos e ler livros sobre finanças de mestres e especialistas no assunto, eu considero especialistas, pessoas com experiência, que falam daquilo que vivem ou viveram e não apenas àquelas com diplomas, que foram instruídas teoricamente. Mestres, para mim, são os que dispõem de ambos: Teoria e prática.

Cursei online na FGV (Fundação Getúlio Vargas): "Como organizar o orçamento familiar", "Como gastar conscientemente", "Como fazer investimentos" e "Como planejar a aposentadoria".

Participei do piloto de saúde financeira na empresa que trabalho.

Ano passado estive como ouvinte nas palestras da Semana de Educação Financeira na Aeronáutica e na SulAmérica e no presente sou uma das palestrantes em ambas. Nesta última, tive a honra de iniciar a Semana de Educação Financeira na sua sede em São Paulo e encerrá-la na matriz no Rio de Janeiro.

Um dia na plateia, outro no palco...

A vida é assim...

Ontem trabalhava pelo dinheiro...

Mas aprendi a fazê-lo trabalhar por mim!

Sou investidora, tenho meu projeto pessoal de IF (Independência Financeira), ainda em andamento. Atualmente, está sendo executado e monitorado, após o seu início, planejamento e replanejamento. **O caminho percorrido tem sido empolgante, cheio de lições ao longo dele.**

Ainda não sou "IF" (independente financeiramente), mas me comporto como se já fosse, a sensação é muito boa, de liberdade, posso sentir, está ao

meu alcance, um passo de cada vez e chego lá, estou confiante!

Ainda sou empregada, mas como já me vejo I.F, me posiciono, não tenho medo de ser demitida, inclusive uma vez me estressei a ponto de falar para um gestor que não me conhecia, mas tinha me dado uma nota baixa na avaliação anual "A empresa não é filantrópica, esta nota não presta, me demite então". O resultado é que um mês depois tive aumento de salário e logo depois fui promovida de cargo.

Outra vez também no trabalho, tive que discordar da ordem que me foi dada, de me deslocar na madrugada de uma 6ª feira para resolver um problema que me envolveram de última hora. Meu marido estava chegando de viagem e tinha prova no dia seguinte pela manhã. Informei ao meu coordenador que poderia ir apenas no sábado à tarde, este pressionado pela superior me questionou: Você está ciente das consequências? Sem hesitar, respondi: Sim! No dia seguinte, fui ao entardecer na companhia, conforme me dispus e resolvi a situação. O chefe depois me agradeceu.

Não te aconselho a agir assim no seu emprego, a menos que já sejas independente financeiramente ou que saibas o que estás fazendo e as possíveis consequências ou que sejas cara de pau, sem vergonha e sem medo como eu (alguns podem chamar isso de ousadia) ou que tenhas um cônjuge que te deixe à vontade para trabalhar se quiser (alguns podem chamar isso de sorte), meu esposo contribui e muito para minha sensação precoce de I.F.

É claro que sinto medo, sou ser humano, o que quis dizer é que ele não é capaz de me parar, enfrento, lanço fora... Minha confiança, minha fé é maior que qualquer receio e me faz avançar, então o medo tem que recuar!

Finanças pessoais para mim é um hobby diário!

Há pessoas que curte dançar, viajar, tirar fotos, eu gosto de fazer contas, planilhas, investir, acompanhar gráficos, explorar oportunidades e me ver mais independente, a cada dia trabalhando menos pelo dinheiro e ele mais por mim.

E você? Quer entrar no caminho?

Débora Oliveira Aieta de Melo

RESUMO

O conceito de Independência Financeira vem sendo disseminado amplamente no Brasil por meio das redes sociais e de livros e palestras com economistas, especialistas e mestres no assunto. É um tema atraente por si só, vemos cada dia o seu crescimento e maior o número de adeptos. Nossa sociedade atual se interessa bem mais por finanças domésticas, dão muito mais atenção ao assunto, mas não tiveram a mesma educação no passado e não tinham o livre acesso ao conhecimento que temos hoje por meio da Internet. Percebemos atualmente que muitas pessoas sonham com a liberdade financeira, mas na prática, verificamos que são poucas as que de fato a alcançam. Neste livro veremos os motivos que fazem os indivíduos se distanciarem deste objetivo e teremos como foco perceber a importância da Gestão de Projetos na vida de quem deseja conquistar tal coisa e ainda apresentar os benefícios de poder viver desfrutando desta tão almejada liberdade.

E o mais importante é que você estará apto a sair da teoria e fazer na prática seu próprio projeto de Independência Financeira.

Débora Oliveira Aieta de Melo

INTRODUÇÃO

Fiz uma entrevista com dez pessoas, sendo duas delas autônomas, uma militar e as demais funcionárias de empresa privada, todas foram unânimes em afirmar que o trabalho não é o mais importante na vida delas.

Dentre elas, 90% afirmaram que Deus ou a família eram prioridade, no entanto, também 90% afirmaram que passam a maior parte de suas vidas, gastam a maior parte do seu tempo produtivo no trabalho.

A questão é: **Por que permitimos que o trabalho nos leve a maior parte do tempo, se para a maioria de nós ele não é tido por mais importante?**

As mulheres sofrem especialmente com isto. É notório que a maior parte delas ao encararem a maternidade, enfrenta o dilema de querer se dedicar exclusivamente a ela e abandonar o mercado de trabalho.

Independentemente da decisão, as mulheres acabam se sentindo por vezes frustradas.

As que se decidem por conciliar, não abrir mão de nada, às vezes ficam estressadas, tentando dar conta de tudo, vivem numa briga interior onde a alma deseja estar cuidando de seus filhos e lar, mas o corpo não para de trabalhar, se veem numa prisão sem fim.

Elas dizem "sim" para tudo e "não" para si mesmas e para as pessoas que mais amam! **Lá no fundo, o coração é da família, mas o trabalho é o que mais desfruta de sua companhia.** O pouco que sobra da energia gasta no trabalho "fora" ainda é sugado pelo trabalho "dentro", pela louça que ficou por lavar devido à hora extra no dia anterior.

Algumas destas mães tentam preencher o vazio da insatisfação com elas mesmas, do estilo de vida que compraram ou venderam não sei... Elas tentam compensar o tempo perdido com seus filhos dando-lhes tudo que pedem, os enchem de brinquedos caros, trabalham exaustivamente para pagar contas. Justificam para si mesmas que é para que os seus usufruam do bom e do melhor que elas não tiveram, porém se esquecem de refletir se dinheiro vale mais que tempo.

O ditado popular diz que "Tempo é dinheiro"... Só sei que estou juntando dinheiro para comprar meu tempo de volta, pois cheguei à conclusão que este tem mais valor para mim e minha família que aquele.

Por outro lado, conversei com uns amigos cujas esposas largaram seus trabalhos para serem mães em tempo integral. Eles foram unânimes em afirmarem que elas não se arrependem e que toda família ganhou em qualidade de vida, porém também todos confessaram que vez ou outra as veem frustradas com o orçamento apertado, pois este conta apenas com a receita obtida através do trabalho do marido.

De posse destes relatos de experiência, cheguei à conclusão que posso fazer melhor, escolher uma terceira opção: A de ser independente financeiramente!

Quero ter mais tempo com minha família, mas não ficar frustrada pela falta de dinheiro para fazer as coisas que gosto. Quero poder largar o trabalho se eu quiser, mas continuar tendo uma renda que garanta meu padrão de vida.

Já pensou naquele dia a partir do qual você pudesse ter mais tempo para você, para colocar em prática aquilo que de fato te traz realização pessoal? Ser mais feliz, agregar valor ao mundo, sentir-se cumprindo sua missão, aquilo para o qual você nasceu para fazer?

Ter mais tempo para a família? Curtir seu amado (a) e filhos? Não ter que esperar apenas aquele período de férias suado garantido pelas leis trabalhistas...

Provavelmente, você é hoje mais um que vende seu precioso tempo por dinheiro e se sente escravo do trabalho, afinal, quem não precisa pagar as contas? Mas e se você pudesse juntar dinheiro e comprar seu tempo de volta? Se invés de trabalhar pelo dinheiro, pudesse trocar de lugar fazendo com que ele trabalhe por você? Gostarias de fazer isso? É possível?

Sim, você pode ter uma renda passiva que garanta o pagamento de suas contas, seu padrão de vida, sem te demandar tanto tempo esforço mental e físico!

O que tem te impedido de alcançar tal coisa? Quais benefícios você teria para si próprio, para os que te cercam e para a sociedade em geral se você alcançasse a tão sonhada independência financeira?

INDEPENDÊNCIA FINANCEIRA

O que chamamos de Independência Financeira ou "aposentadoria" sem contar com o INSS (Instituto Nacional do Seguro Social), órgão do Ministério da Previdência Social?

Diogo Pereira em seu e-book O Caminho para a Independência Financeira (2015, p.8) descreve claramente, "A Independência Financeira pode ser definida de forma sucinta como o estado em que uma pessoa é capaz de pagar as suas despesas através de um fluxo de renda passiva".

Renato de Vuono, colaborador da Dinheirama, empresa especializada em educação financeira e fundador do site Café com Finanças, em seu e-book O novo Aposentado, usa o termo "Aposentadoria" para descrever o que chamamos de Independência Financeira:

> Então, como chamamos o momento da vida em que seu patrimônio é capaz de gerar renda suficiente para que você e sua família não dependam mais do dinheiro gerado pelo trabalho? Aposentadoria!
> (VUONO, 2006, p. 3)

Podemos dizer então que uma pessoa se torna independente financeiramente ou aposentada, àquele dia a partir do qual, ela pode deixar de trabalhar se quiser; abrir mão de sua renda ativa que vem do seu trabalho seja em empresa privada, pública, concursada ou autônoma e viver de renda passiva, ou seja, aquela que seu patrimônio gera por meio de, por exemplo, investimentos que retornem juros como o Tesouro Direto, CDB, LCI, LCA, Fundos de Investimentos, Ações, Dividendos, Fundos Imobiliários, aluguéis ou venda de imóveis ou até mesmo abrindo o seu próprio negócio, onde outras pessoas trabalhem para produzir dinheiro para ela.

A diversificação dos investimentos é um bom conselho a ser seguido. Uma das máximas em finanças é "Não coloque todos os ovos na mesma cesta"; sigo essa regra de ouro, porém uma vez aprendi na prática o que ela quer nos ensinar.

Meu marido tinha trazido uma cartela com 30 belos ovos, "daqueles que a galinha chorou para colocar" - os vendedores deles anunciam assim em suas Kombis - embora estes tivessem sido comprados no mercado mesmo. O fato é que abri a geladeira e os guardei numa prateleira, mas que bom que não cabiam todos nela, então tive que separar cerca da metade e colocar em outra. O refrigerador estava um pouco sujo e fui limpá-lo, de repente a prateleira com cerca da metade dos ovos se soltou e não consegui segurar, eles quebraram, tomamos um prejuízo, mas ao menos, a outra parte estava sã e salva.

Chamei meu marido e mandei a frase, agora não apenas na teoria, mas também na prática, com autoridade de quem já viveu: "Viu, como não se coloca todos os ovos na mesma cesta, ainda temos a metade!".

Bem, em investimentos sou mais conservadora que com ovos, ou menos arrojada, me encaixo no perfil moderado digamos; não gosto de arriscar mais de 30%, todavia também não gosto de ficar sem emoção. Gosto de uma montanha russa e a renda variável e outros tipos mais arriscados de investimentos me fazem sentir em uma.

Já perdi algumas vezes, porém meus ganhos superam as perdas. Quebrei alguns ovos? E daí? A maior parte está protegida e além do mais estou em busca de "galinhas"...

Débora Oliveira Aieta de Melo

MOTIVOS PELOS QUAIS NÃO SE CONSEGUE ALCANÇAR A INDEPENDÊNCIA FINANCEIRA

Muitas pessoas sonham em alcançar a Independência Financeira, mas poucas são as que de fato alcançam.

Leandro Ávila, criador do Clube dos Poupadores, em seu E-book Independência Financeira diz que:

> Uma pesquisa do IBGE revelou que quase metade dos brasileiros (46%) termina a vida profissional dependendo de parentes para sobreviver. Somente 1% conquista a independência. O restante (53%) precisa trabalhar pelo resto da vida ou vive de caridade. (ÁVILA, 2018, pp. 7-8)

Leandro Ávila neste mesmo livro (ÁVILA, 2018, pp. 9-11) lista três motivos que fazem as pessoas não alcançarem a Independência financeira.

O primeiro deles é pela falta de conhecimento, muitos acreditam que para conseguirem esta liberdade, só se tornando ricos, mas não é verdade. Tudo vai depender do estilo de vida, pois se você consegue ser feliz na simplicidade, menos dinheiro precisará para ter sua "carta de alforria", mas se para se sentir bem, precisas ostentar, viver no luxo, realmente te custará caro este projeto.

O segundo motivo engloba as pessoas que reconhecem a importância da independência financeira, mas não fazem ideia de como começar. Não possuem um objetivo claro, mensurável e nunca definem um plano para atingir esse objetivo, segundo ele.

Por fim, de acordo ainda com Ávila, há aqueles que creem que o esforço não compensa e que é impossível chegar lá e não acreditam em mudanças, tomando por base sua realidade momentânea. Neste caso, o próprio autor incentiva ao dizer que "A pessoa que dará o primeiro passo na direção da independência financeira não será a mesma que chegará ao topo." (ÁVILA, 2018, p. 11).

São diversos os motivos que impedem ou adiam a realização deste sonho:

- Dívidas feitas pelo próprio indivíduo ou familiares - livre-se delas (meu marido e eu fizemos um acordo de não parcelarmos em mais de 3x no cartão de crédito);
- Consumismo exacerbado - é um vício, liberte-se, pois vai te levar às dívidas, eles são companheiros;
- Falta de controle de quanto se ganha e quanto se gasta - organize-se, faça planilhas ou tenha um aplicativo para gerenciar seus recursos;

- Falta de foco - persevere, não desista até alcançar seu objetivo, aprenda com a Gestão de Projetos a iniciar, planejar, executar, controlar e encerrar;
- Falta de diálogo financeiro na vida familiar - caminhe junto com seu cônjuge (caso tenhas), estejam de acordo, persigam objetivos em comum;
- Apenas sonhar, não transformar a ideia em projeto - O principal deles na minha visão e é o que vamos destacar aqui, que tem amplo relacionamento de causa e efeito com os demais. Isso porque sem um projeto real e concreto, o sonho fica sem o objetivo de fato definido, planejado, controlado, com previsão de custo, com data de início e término.

Precisamos sair do desejo, da fantasia e ir para o real, precisamos acreditar e fazer acontecer.

Sonho é algo muito vago, precisamos de projeto!

T. Harv Eker em seu best-seller Os segredos da mente milionária, diz que "Pensamentos conduzem a sentimentos. Sentimentos conduzem a ações. Ações conduzem a resultados." (EKER, 1992, p. 25).

É importante seguir esta ordem: Pensar primeiro, depois sentir, mas não podemos parar na esfera dos sentimentos, precisamos dar continuidade por meio das ações: Planejar, executar e monitorar na sequência para alcançar nossos objetivos e metas, alcançar os resultados e é aí que entra a Gestão de Projetos para nos ajudar a concluir cada etapa necessária, com suas atividades e desempenho requeridos.

A IMPORTÂNCIA DA GESTÃO DE PROJETOS NA INDEPENDÊNCIA FINANCEIRA

Não é impossível, nem tão difícil alcançar a independência financeira e a Gestão de Projetos existe para nos amostrar o caminho, nos guiar no percurso e nos fazer deslumbrar cada etapa alcançada até a conclusão do todo.

Segundo o PMBOK (2013):

> Projeto é um esforço temporário empreendido para criar um produto, serviço ou resultado único. A natureza temporária dos projetos indica que eles têm um início e um término definidos.

Para esclarecer, **PMBOK** é um guia de conhecimento, boas práticas que sugere um conjunto de ferramentas e técnicas para a gestão de projetos, ele foi criado e sofre atualizações pelos integrantes do **PMI** (Project Management Institute) - organização internacional sem fins lucrativos que associa profissionais de gestão de projetos.

O PMBOK (2013) define dez áreas de conhecimento em gerenciamento de projetos: **Escopo, tempo, custos, qualidade,**

riscos, recursos humanos, partes interessadas, comunicações, aquisições e integração.

O PMBOK organiza as áreas de conhecimento em grupos de processo: **iniciação; planejamento; execução; controle; e encerramento.**

Conforme definição do PMBOK (2013, p. 9):

> Escopo é o trabalho que precisa ser realizado para entregar um produto, serviço ou resultado com as características e funções especificadas, ou seja, é tudo o que temos que fazer com que o projeto alcance o sucesso, como entregas, prazos, custos, requisitos e leis.

Todo projeto para ser de fato um projeto, precisa ser único, ter uma definição exclusiva, especial e este detalhamento do trabalho necessário para realizá-lo, é o que chamamos de Escopo, que sendo bem definido pode evitar erros, atrasos e problemas nas demais áreas.

No caso do projeto de independência financeira não é diferente, precisamos saber "o quê" queremos e o "Como Fazer" para chegar lá.

Também é necessário prever os custos envolvidos, o PMI (2013, p. 193) fala da importância do gerenciamento de custos ao informar que:

> O gerenciamento de custos em projetos inclui processos de planejamento, estimativas, orçamento, financiamento,

gerenciamento e controle de custos para que um projeto possa ser finalizado dentro da expectativa de gastos inicialmente prevista.

Sandra Blanco, consultora da Órama Investimentos, apresentou o cálculo abaixo em um artigo da globo.com para se chegar ao valor do montante inicial de investimento, de acordo com a renda mensal que a pessoa deseja ter:

Fórmula da Independência Financeira

> Renda mensal desejada x 12 / rentabilidade anual estimada = aplicação inicial

> (BLANCO, Disponível em <https://g1.globo.com/economia/seu-dinheiro/especial-publicitario/orama/noticia/saiba-como-ter-uma-renda-mensal-de-r-4-mil-por-mes-com-investimentos.ghtml>. Acesso em: 24 out. 2018.).

Supondo que um indivíduo deseja ter uma renda passiva de R$2.000,00 para tornar-se livre financeiramente e partindo da premissa que ele consiga obter juros líquidos de 6% ao ano, chegaríamos ao custo de investimento de R$400.000,00 mil; esta seria a massa inicial que essa pessoa precisaria acumular, aplicando a fórmula da Independência Financeira citada anteriormente:

Exemplo: Investimento de R$ 400.000,00 mil com rentabilidade real de 6% ao ano para obter uma renda passiva de R$2.000,00 mil por mês:

(R$ 2.000 x 12) / 0,06 = R$ 400.000,00

É fundamental ainda que o projeto tenha data que marque seu início e término, o período, o tempo gasto, o cronograma.

Segundo o PMBOK (PMI, 2013, p. 172):

> O desenvolvimento do cronograma é o processo de análise de sequências das atividades, suas durações, recursos necessários e restrições do cronograma visando criar o modelo do cronograma do projeto.

A **tríplice restrição** (escopo, tempo e custo) é saber exatamente o quê e por meio de quais atividades chegaremos ao resultado final, em quanto tempo e quanto vai nos custar cada etapa e não apenas saber, mas gerenciar, controlar para que o objetivo, o resultado que se pretende, seja de fato alcançado.

Podemos resumi-la em três perguntas: O quê e como? (Escopo) Quando? (Tempo) Quanto? (Custos).

Sandra Blanco em seu artigo ensinou em poucos passos a começar o planejamento da independência financeira, e nele podemos perceber claramente os conceitos da gestão de projetos, especialmente das seguintes áreas de conhecimento: Escopo, custos, tempo, qualidade e integração.

> O primeiro passo, aconselha Sandra, é responder à seguinte pergunta: qual é o meu objetivo ou sonho? Seja específico e realista.

Ser feliz não é uma meta específica. Quanto custa o que você quer? Por isso, é preciso ser específico com os objetivos, pois você deve estimar o preço do que quer.

Feito isso, é preciso estipular em quanto tempo você pretende chegar lá. É tempo suficiente? A partir daí, você consegue montar uma estratégia de quanto e como economizar para alcançar seus objetivos. Ah, e é fundamental monitorar os passos e fazer revisões periódicas para avaliar como está evoluindo e ajustar conforme as mudanças de renda, prioridade e fases da vida.

(BLANCO, Disponível em <https://g1.globo.com/economia/seu-dinheiro/especial-publicitario/orama/noticia/saiba-como-ter-uma-renda-mensal-de-r-4-mil-por-mes-com-investimentos.ghtml>. Acesso em: 24 out. 2018.).

Primeiramente precisamos ter o objetivo definido, claro, sem margem para dúvidas, realista, atingível, precisamos acreditar que é possível alcançar dentro do limite de tempo estabelecido.

Exemplo de objetivo: Conseguir independência financeira investindo R$400.000,00 em ativos em cinco anos para obter uma renda passiva mensal de R$2.000,00.

Exemplo de prazo: Início em janeiro de 2018 e término em dezembro de 2022.

Dependendo do tamanho do projeto, o ideal é que seja particionado, dividido em fases.

Renato de Vuono, em seu livro o Novo Aposentado afirma:

> Logo, toda construção começa pelas fundações: seja uma casa, seja uma reserva financeira.
>
> Embora a construção da aposentadoria seja fundamental, é importante que, antes disso, você crie sua reserva de emergência, que serve, como o nome diz, para um momento de exceção, tanto para uma possível perda do emprego quanto para um eventual problema de saúde. Esse dinheiro deve ser intocável, como o da aposentadoria; a não ser que haja, de fato, uma emergência.
>
> (VUONO, p. 7, Disponível em: < http://lp.dinheirama.com/ebook-novo-aposentado>. Acesso em: 24 out. 2018).

Podemos dividir o projeto de independência Financeira em três entregas, por exemplo: Reserva de emergência, Estabilidade financeira e Liberdade.

A Reserva de emergência pode ser o equivalente de seis a doze meses de salário que a pessoa costuma receber ou o valor calculado por ela que daria para manter seu padrão de vida por um período de pelo menos seis meses, em caso de uma eventual perda de emprego ou caso ela mesma quisesse mudar de carreira, estudar para um concurso ou mesmo ter um período sabático.

O dinheiro acumulado não traria ainda a independência que estamos falando, mas já traz um grande alívio e alguma liberdade em saber que se deixar de ter a sua fonte de renda ativa, não passará apertos desnecessários por pelo menos metade de um ano.

Diogo Pereira em seu e-book O Caminho para a Independência Financeira detalha o passo a passo para formar a Reserva de Emergência:

> Começaremos determinando quanto dinheiro você precisaria por mês caso surgisse uma emergência. Pegue a planilha com as suas despesas que você preencheu anteriormente e determine quais são os gastos fundamentais para a sua subsistência e quais são dispensáveis. Se você é empregado, anote apenas os seus custos privados; se for autônomo, anote também os custos do seu negócio. Ao determinar todas essas despesas você saberá quanto precisa para viver sem trabalhar durante um mês.
>
> O próximo passo é determinar o tamanho da sua reserva, ou seja, a renda equivalente a quantos meses que você deve juntar. Para a maioria das pessoas uma reserva financeira de seis a doze vezes das suas despesas é razoável. (PEREIRA, 2015, p.75)

A Estabilidade financeira poderia ser alcançada, por exemplo, ao se obter por meio de renda passiva, o valor estimado para custear as despesas necessárias, as essenciais.

Diogo Pereira chama esta etapa de Plano do Crescimento Financeiro e diz que:

> Ao cumprir esse plano você terá uma renda suficiente para cobrir as suas despesas mensais essenciais, porém ainda não terá dinheiro suficiente para pagar todas as suas despesas. (PEREIRA, 2015, p. 79)

A última entrega, a que podemos chamar de liberdade mesmo, a última fase, que conclui de fato o projeto de independência financeira é quando a pessoa desfruta de uma renda passiva capaz de pagar todas as suas contas, todas as suas despesas, as necessárias, as desejáveis e até mesmo as supérfluas, caso ela faça questão.

Diogo Pereira chama esta fase de Plano da Riqueza, detalha e motiva:

> Para montar esse plano você precisa determinar a renda que você realmente deseja ter. É aqui que você decide qual o padrão de vida que quer adotar. Para os planos da Segurança Financeira e do Crescimento Financeiro você baseou-se nas suas despesas mínimas mensais no momento. No Plano da Riqueza você poderá definir qual a renda que você deseja obter e com esse número calcular a quantidade de capital necessário.
>
> Ao completar esse plano você poderá parar de trabalhar, pois terá o suficiente para viver com a renda dos seus investimentos. Você

> terá dinheiro suficiente não apenas para cobrir as suas despesas essenciais, mas todas as suas despesas.
>
> É nesse ponto que você atinge a independência financeira propriamente dita. Você é capaz de cobrir suas despesas através de um fluxo de renda passiva por um período de tempo indeterminado. (PEREIRA, 2015, p.80)

A Gestão de Projetos é muito útil para quem deseja alcançar a Independência Financeira. As pessoas que já conseguiram chegar lá, são no mínimo boas em gerenciar seu orçamento doméstico e ainda que indiretamente, aplicaram os conceitos das áreas de conhecimento descritas no PMBOK, como a gestão de custos, tempo, qualidade, riscos, comunicações, stakeholders... Aconselho a empregar todas as dez no projeto pessoal de Independência Financeira.

Em se tratando da gestão de custos, é preciso listar todas suas despesas para estimar quanto custa seu padrão de vida atual ou o que deseja ter após conclusão do projeto, para saber qual o montante que precisa acumular para tal e depois ir acompanhando se os investimentos estão sendo feitos, conforme o planejado.

Em se tratando do gerenciamento do tempo, é fundamental ter uma data prevista de início e término documentada e o acompanhamento de cada fase, de cada atividade, quando começa e termina cada uma delas, com

marcos para comemoração das entregas parciais que completarão o projeto como um todo.

Não podemos deixar de falar também que há diversos riscos que precisam ser levantados a fim de serem explorados, ignorados, eliminados ou amenizados.

Segundo o PMI (2013), os objetivos do gerenciamento de riscos são aumentar a probabilidade e o impacto dos acontecimentos positivos e reduzir a probabilidade e o impacto dos eventos negativos no projeto.

Há riscos de oportunidade como, por exemplo, a venda de um imóvel que pode contribuir significativamente para alavancar o plano, mas também há ameaças como perda de emprego antes do término do projeto, bem como a inflação que precisa ser acompanhada e pode requerer mudanças do gestor do projeto e/ou investidor, como, por exemplo, alocar boa parte dos recursos em investimentos que acompanhem o índice oficial de inflação que é o IPCA (Índice de Preços ao Consumidor Amplo).

Conhecer as partes interessadas, as pessoas envolvidas direta ou indiretamente no projeto, é de suma importância, pois tais podem contribuir significativamente para o sucesso ou fracasso do mesmo.

Barbi (2010) diz que os *stakeholders* de um projeto englobam todas as pessoas que impactam ou são impactadas pelo projeto.

É preciso verificar o grau de interesse e influência de cada uma delas e fazer o possível para que sejam aliadas de forma positiva.

Temos como exemplos de *stakeholders* no projeto pessoal de independência financeira: O cônjuge, os filhos, os familiares envolvidos no orçamento doméstico; ou seja, as pessoas impactadas por ele, que podem ver-se beneficiadas ou prejudicadas por tal e que sem a contribuição destes, fica difícil ou até impossível um projeto de liberdade financeira ser bem-sucedido.

É fundamental que todos tenham ciência do escopo do projeto e de todas as ações a serem executadas no devido prazo para que o mesmo seja realizado com êxito. **É crucial manter a comunicação eficiente e eficaz, marcar reuniões periódicas para comunicar o andamento aos envolvidos, apresentar relatórios que motivem a continuação do trabalho, contendo o que estava previsto e o que foi alcançado, até uma data específica.**

Montes (2017, p. 01) relata que "a comunicação representa cerca de 90% do tempo do gerente do projeto e é o elo de ligação entre as pessoas, as ideias e as informações".

Segundo o PMI (2013):

> O gerenciamento das comunicações do projeto abrange as atividades necessárias para garantir que as informações do projeto sejam criadas, coletadas, distribuídas, armazenadas, recuperadas e organizadas de maneira cabível e adequada. É sabido que, no ambiente de

projetos, o gerente fica a maior parte do seu
tempo se comunicando com os membros da
sua equipe e com os stakeholders do projeto,
quer sejam internos (em todos os níveis da
organização) ou externos à organização.

É importante comemorar cada marco do projeto alcançado,
como a Reserva de emergência, por exemplo.

Vamos considerar, por exemplo, um projeto de
Independência Financeira, cuja meta seja alcançar R$400.000,00 em
cinco anos para gerar uma renda passiva de R$2.000,00 mensais
(valor que daria para pagar supostamente as contas de alguém de
padrão de vida simples).

Outra sugestão é que seja detalhada cada despesa com seu
valor previsto pela ordem de prioridade e comemorações extras sejam
feitas ao constatar que cada uma delas vai sendo paga, com a renda
passiva gerada pelo valor acumulado dos investimentos, ao longo do
tempo do projeto.

Ex.: Prioridade das despesas pagas através de Renda passiva:

1   **Água**

Valor: R$100,00

Status: Alcançada/Concluída

Início em: --/--/----

Término em: --/--/----

Data da Comemoração: --/--/----

2   Energia Elétrica

Valor: R$200,00

Status: Alcançada/Concluída

Início em: --/--/----

Término em: --/--/----

Data da Comemoração: --/--/----

3   Alimentação

Valor: R$300,00

Status: Em andamento

Início em: --/--/----

Término em: --/--/----

Data da Comemoração: --/--/----

4   Saúde

Valor: R$200,00

Status: Não iniciada

Início em: --/--/----

Término em: --/--/----

Data da Comemoração: --/--/----

5   Transporte

Valor: R$200,00

Status: Não iniciada

Início em: --/--/----

Término em: --/--/----

Data da Comemoração: --/--/----

6   **Vestuário**

Valor: R$200,00

Status: Não iniciada

Início em: --/--/----

Término em: --/--/----

Data da Comemoração: --/--/----

7   **Telefone e Internet**

Valor: R$200,00

Status: Não iniciada

Início em: --/--/----

Término em: --/--/----

Data da Comemoração: --/--/----

8   **Educação**

Valor: R$300,00

Status: Não iniciada

Início em: --/--/----

Término em: --/--/----

Data da Comemoração: --/--/----

9   **Cuidados Pessoais**

Valor: R$100,00

Status: Não iniciada

Início em: --/--/----

Término em: --/--/----

Data da Comemoração: --/--/----

10 Lazer

Valor: R$200,00

Status: Não iniciada

Início em: --/--/----

Término em: --/--/----

Data da Comemoração: --/--/----

É preciso gerenciar a qualidade, fazer avaliações, inspeções, controle e monitoramento para saber se o projeto está andando de acordo com o escopo, conforme o definido nos requisitos, dentro dos custos estimados e no prazo previsto, se a diversificação da carteira de investimentos está sendo eficiente.

Em se tratando de assegurar a qualidade:

> Gerenciamento da qualidade do projeto inclui os processos e as atividades da organização executora que determinam as políticas de qualidade, os objetivos e as responsabilidades, de modo que o projeto satisfaça às necessidades para as quais foi empreendido. Implementa o sistema de gerenciamento da qualidade por meio de políticas e procedimentos com atividades de melhoria contínua de processos realizadas durante todo o projeto, conforme apropriado. (PMI, 2013, p. 228)

Precisamos saber ainda quem são os responsáveis pela execução. Será necessário contratar um especialista, um consultor financeiro, uma corretora? Quem será o responsável pela diversificação da carteira de investimentos? Quem controlará as despesas e receitas? Quem elaborará os relatórios de desempenho?

Quem cuida de tudo isso é a área de **gestão de recursos humanos** e segundo o PMI (2013, p.254):

> O gerenciamento dos recursos humanos do projeto inclui os processos que organizam e gerenciam a equipe do projeto. Engloba as pessoas com papéis e responsabilidades designadas para a execução do projeto. O tipo e o número de membros da equipe, que também podem ser referidos como pessoal do projeto podem mudar com frequência. Embora os papéis e responsabilidades específicas para os membros da equipe do projeto sejam designadas, o envolvimento de todos os membros da equipe no planejamento do projeto e na tomada de decisões pode ser benéfico, uma vez que o envolvimento e a participação daqueles desde o início agrega seus conhecimentos durante o processo de planejamento e fortalece o compromisso com o projeto.

A área da gestão de aquisições por sua vez cuida do que precisamos comprar ou investir para cooperar com o projeto. No caso da independência financeira, um imóvel, por exemplo, para ser vendido posteriormente ou alugado. A parte dos recursos necessários também fica a cargo dela, pode ser que precisemos de um consultor financeiro, uma corretora, um curso sobre finanças, um livro de algum especialista no assunto.

Segundo o PMI (2013, p. 355):

> o gerenciamento das aquisições do projeto inclui "os processos necessários para comprar ou adquirir produtos, serviços ou resultados externos à equipe do projeto. A organização pode ser tanto o comprador como o vendedor dos produtos, serviços ou resultados de um projeto".

Por fim, para gerenciar tudo isso de forma integrada, juntando todas as áreas, sem perder o foco, temos a gerência de integração que de acordo com o PMI (2013, p. 64):

> Descreve os processos e as atividades que integram os diversos elementos do gerenciamento de projetos, que são identificados, definidos, combinados, unificados e coordenados dentro dos grupos de processos.

O projeto para alcançar esta liberdade é totalmente viável, embora mudanças possam acontecer no percurso fazendo com que possivelmente a linha de base seja alterada, mas **até o controle de mudanças deve ser previsto afinal todo e qualquer projeto está sujeito a elas.**

Segundo o PMI (2013, p. 94):

> O principal benefício do Controle Integrado de Mudanças é admitir que as mudanças do projeto sejam avaliadas de forma integrada, reduzindo os riscos do projeto.

Precisamos saber o que queremos e como fazer para alcançar, quais os custos, conhecer as premissas, saber que elas geram riscos, nos limitar as restrições, elaborar o cronograma, validar os critérios de aceitação, alocar cada atividade ao seu responsável, verificar se será necessário comprar ou contratar algo ou alguém, conhecer os *stakeholders,* ou seja, as partes interessadas, as pessoas que podem impactar ou serem impactadas pelo projeto e fazer com que elas colaborem para o alcance do mesmo, fazer com que a comunicação seja eficiente e eficaz e ainda fazer com que tudo isso ande em harmonia.

É por todos esses motivos que o PMBOK, com as dez áreas que apresenta para gestão de projetos, muito pode ajudar quem deseja alcançar a independência financeira, na verdade, ele é útil para tudo, para qualquer tipo de projeto em qualquer área, vale para a vida.

OS BENEFÍCIOS DE SER LIVRE FINANCEIRAMENTE

São muitos os benefícios de tornar-se independente financeiramente, ainda que você goste do que faz, tenha prazer no seu trabalho.

Cerbasi em seu e-book, 10 Etapas para equilibrar suas finanças, sua situação financeira e multiplicar suas riquezas com maior liberdade de escolha, aconselha:

"Mesmo que você goste do que faz, é interessante pensar em diminuir o ritmo de trabalho a certa altura, para não sobrecarregar a saúde e também para aproveitar mais a vida."

(CERBASI, p. 5, Disponível em: <https://pt.scribd.com/document/325925459/Gustavo-Cerbasi-10-Etapas>. Acesso em: 24 out. 2018.).

Segundo (ÁVILA, 2018, p. 13), "Quando esse tipo de pessoa atinge a independência financeira, ela acaba conquistando a tranquilidade e o tempo necessário para iniciar o seu verdadeiro projeto de vida.".

Quem alcança em sua vida a tão sonhada Independência Financeira, um projeto tão importante que precisa ser planejado, detalhado, monitorado, recalculado, validado e concluído, torna-se livre para trabalhar somente se quiser, somente por prazer, por vontade, e quando decide por isto, trabalha melhor, naquilo para o qual sente que é sua missão, é um profissional de destaque, faz o que gosta, sem medo de ameaças de perder o trabalho, afinal a renda passiva conquistada garante o pagamento das suas contas, seu padrão de vida.

Assim sendo, as empresas e a sociedade também saem ganhando, pois passam a contar com pessoas de postura mais profissional, vocacionadas para aquilo que fazem, que trabalham com amor e prazer, não apenas por dinheiro.

O escritor Gustavo Cerbasi em seu best-seller, Casais Inteligentes Enriquecem Juntos define muito bem o que é um aposentado para ele:

> Eu me dou ao luxo de usar o termo "aposentado" para falar daqueles que podem deixar de trabalhar - se quiserem. Ninguém está em condições mais dignas de "vestir o pijama" que aqueles que conquistam a independência financeira. (CERBASI, 2012, p. 119)

O maior benefício de se alcançar a independência financeira é a realização pessoal.

Imagine aquele dia em que o que é prioridade para você, possa ocupar a maior parte do seu tempo produtivo!

É sensacional ser coerente contigo mesmo e poder dizer "não" quando necessário, sem temer a ameaças, sem medo de passar aperto financeiro com a sua família.

Férias prolongadas, por que não? Você se preparou para isto! Gastar sem culpa, gastar conscientemente com prazer!

Estudar para aquilo que você nasceu, mesmo que tenha poucas oportunidades no mercado de trabalho...

O dinheiro não dita as regras. Ele é seu empregado, ele que trabalha por você, vocês trocaram de lugar e esta é a ordem correta!

Abrir seu próprio negócio, empreender, você tem um leque de possibilidades, até continuar como empregado ou autônomo, se você quiser, é claro!

Você é livre!

Débora Oliveira Aieta de Melo

PROJETO EFRAIM

Chegou a hora de sair da teoria e ir para a prática!

Faremos agora como exemplo um projeto fictício de independência financeira para tomar como base no seu pessoal e o próximo capítulo tratará exclusivamente de ajudar você a esboçar seu próprio projeto, traçar seu planejamento!

O modelo que vou te passar, não é específico para liberdade financeira, serve para qualquer projeto que você deseje alcançar, vale para a vida!

O nosso case, será uma suposta pessoa chamada Efraim, de padrão de vida simples, que chegou a conclusão que consegue viver bem com uma renda passiva de R$2.000,00, levando em conta seus gastos abaixo:

Despesas Necessárias (Total: R$1.200,00)

1. Água (R$100,00)
2. Energia Elétrica (R$200,00)
3. Alimentação (R$ 300,00)
4. Saúde (R$200,00)
5. Transporte (R$200,00)
6. Vestuário (R$200,00)

Despesas Desejáveis (Total: R$500,00)

7. Telefone e Internet (R$200,00)
8. Educação (R$300,00)

Despesas Supérfluas (Total: R$300,00)

9. Cuidados Pessoais (R$100,00)

10. Lazer (R$200,00)

Você precisará conhecer bem suas despesas, para saber o custo do teu projeto, mas não leve em conta somente os gastos atuais e sim o padrão de vida que deseja ter (pode acrescentar ou cortar gastos) e aconselho a acrescentar uma "gordurinha" também para ter alguma folga no orçamento.

No próximo capítulo você terá um espaço para tomar nota de suas despesas.

Comece detalhando todas suas despesas mensais relacionadas à habitação, alimentação, saúde, transporte, educação, cuidados pessoais, lazer, comemorações e classifique cada uma delas em "Necessária", "Desejável" ou "Supérflua"; verifique se pode abrir mão ao menos das supérfluas.

Não se esqueça de estimar os gastos que não são mensais, fixos, mas que sempre chegam. Exemplo: IPVA, IPTU, gastos extras com saúde, obras em casa, conserto de carro, viagens, festas, compra de móveis, eletro-eletrônicos e etc...

Separe também uma "caixinha", verba para gastar no que quiser, além de outra caixinha para sonhos e ainda uma para imprevistos.

Faça uma boa estimativa destes gastos por ano e divida por 12 (meses). Agora faça o somatório deste resultado com o cálculo das despesas mensais para saber com quanto daria para você viver sem depender de renda ativa, do seu trabalho, seu esforço direto.

Por exemplo, se as despesas mensais custam R$1.900,00, porém tenho um gasto anual de R$1.200,00 com seguro de carro, devo dividir os R$1.200,00 por 12, ou seja, é como se eu gastasse R$100,00 a mais todo mês. Sendo assim, meu custo de vida mensal fica orçado em R$2.0000,00 (R$1900,00 + R$100,00).

Acabando o cálculo de suas despesas, levando em conta o padrão de vida que realmente desejas ter, você terá o valor estimado da renda passiva que precisas obter para não depender mais da renda ativa advinda do seu trabalho, esforço direto.

O próximo passo é aplicar a fórmula da independência Financeira que aprendemos com Sandra Blanco. Ela apresentou o cálculo abaixo para chegar ao valor total de investimento, de acordo com a renda mensal que a pessoa deseja:

Fórmula da Independência Financeira

Renda mensal desejada x 12 / rentabilidade anual estimada = aplicação inicial

Efraim deseja ter uma renda mensal de R$2.000,00 e consegue uma rentabilidade anual estimada de 6% líquido (descontando inflação, imposto de renda e taxas). Logo, ele precisa de um montante inicial de R$400.000,00 para chegar a sua independência financeira.

Renda mensal desejada x 12

R$2.000,00 x 12 = **R$24.000,00**

Rentabilidade anual estimada

6/100 = **0,06**

Renda mensal desejada x 12 / rentabilidade anual

R$24.000,00 / 0,06 = R$400.000,00

(Aplicação inicial)

Agora que você e Efraim já sabem a renda que desejam ter e o montante inicial de que precisam, é hora de saber em quanto tempo, qual o prazo deste projeto.

Efraim tomou nota de suas receitas atuais e de oportunidades para ganhar mais dinheiro, como, por exemplo, à venda de uma casa própria, que com o valor de sua venda, daria para comprar outra de menor valor e ainda alavancar seu projeto de liberdade financeira.

Ele chegou à conclusão que o prazo estimado para alcançar o projeto dele é de cinco anos, e você?

Quanto tempo você precisa? Quanto tempo você tem? Há restrições de tempo?

Sabemos que não temos controle total sobre o tempo, a nós pertence o hoje, é presente, mas precisamos ter uma estimativa, compromisso com as datas de entrega, senão acabamos como a maioria que sempre posterga para o amanhã que nunca chega.

Faça o melhor no presente e se o amanhã chegar esteja preparado para colher seus frutos!

Sabendo o que se quer e qual o custo e em quanto tempo, já se tem as informações necessárias para começar traçar o objetivo, afinal, sem este não se chega a lugar algum.

De posse das informações coletadas, com fé, foco, coragem e sinceridade, Efraim escreveu seu objetivo; siga seu exemplo e escreva o seu também!

- **Objetivo de Efraim**

Conseguir independência financeira investindo R$400.000,00 em ativos, em 5 anos, para obter uma renda passiva mensal de cerca de R$2.000,00. A partir daí, passar a sacar os juros líquidos (estimativa de 0,5% ao mês, descontando inflação, imposto de renda e taxas).

Início em: Jan/2018 e **Término em:** Dez/2022.

Efraim pensou também na justificativa para o projeto, no por que é importante alcançá-lo? Quais benefícios traria a ele mesmo, aos envolvidos, a sociedade, as empresas, ao mundo?

Justificativa de Efraim:

Conquistar a Independência Financeira a fim de se ter liberdade para trabalhar se quiser, sem prejudicar o padrão de vida de minha família.

- **Benefícios para Efraim:**

✓ Mais tempo para minha esposa e filhos;

✓ Mais tempo para mim;

✓ Mais tempo para me envolver com atividades beneficentes;

✓ Mais tempo para diversão;

✓ Mais tempo para o que importa;

✓ Liberdade para trabalhar se quiser;

✓ Manter o padrão de vida da família independente do trabalho;

✓ Explorar coisas novas;

✓ Possibilidade de mudança de carreira (fazer o que gosto contribuindo com a sociedade).

Efraim dividiu seu projeto, em três etapas, facilitando o controle e a comemoração de cada entrega alcançada.

Ele chegou à conclusão que precisa alcançar ao menos a reserva de estabilidade, este foi seu MVP (Mínimo Produto Viável).

Veja o exemplo dele, divida seu projeto em entregas e defina o MVP. Qual o mínimo que precisas alcançar para ter uma entrega, um protótipo útil, alguma liberdade financeira?

- **Etapas do projeto de Efraim:**

  - **Reserva de emergência (Fôlego)**: Suficiente para arcar um ano com as despesas em caso de emergência;

  - **Reserva de estabilidade (Tranquilidade)**: Suficiente para gerar uma renda passiva a fim de arcar com as despesas necessárias;

  - **Reserva de liberdade (Independência Financeira)**: Suficiente para gerar uma renda passiva a fim de arcar com todas as despesas necessárias, desejáveis e supérfluas.

- **MVP de Efraim:**

Alcançar ao menos a Reserva de Estabilidade (Tranquilidade).

Precisamos conhecer e gerenciar os riscos (ameaças que podemos eliminar ou minimizar e oportunidades que podemos explorar).

Segundo PMI (2013, p. 310) O risco é um evento ou uma condição incerta que, se ocorrer, tem um efeito em pelo menos um objetivo do projeto. Um risco pode ter uma ou mais causas e, se ocorrer, pode ter um ou mais impactos. A causa pode ser um requisito, uma premissa, uma restrição ou uma condição que crie a possibilidade de resultados negativos ou positivos.

Entenda premissa como tudo aquilo que é assumido como verdade no início do projeto, mas caso não seja ou deixe de ser, você pode ter um pequeno, médio ou grande impacto nele.

Toda premissa gera um risco.

Exemplos de Premissa: Tempo e o custo dos investimentos considerou renda obtida com emprego atual em empresa privada.

Risco: Emprego sem estabilidade

Isto é uma ameaça alta ou moderada?

O que vou fazer? Aceitar? Prevenir?

Qual a minha resposta ao risco?

Que gatilhos vão me atentar para a ocorrência dele? O clima organizacional? O meu desempenho?

Qual o meu plano de contingência caso ele de fato ocorra antes da conclusão do projeto?

- **Premissas do projeto de Efraim:**

  o O tempo e o custo dos investimentos considerou que Efraim estivesse empregado na mesma empresa, com receitas e despesas equivalentes a que ele tem atualmente.

o   Efraim comprometeu-se com sua esposa a não fazer dívidas propositais fora do orçamento previsto que possam impactar o andamento do projeto.

Observe o que Efraim levantou de Riscos para seu projeto e não se esqueça de detalhar os seus:

- **Riscos:**

Risco 1: Emprego sem estabilidade

Descrição: Emprego em empresa privada pode ser perdido ou deixado por Efraim antes da realização do projeto, podendo comprometer significativamente o prazo e o custo estimado, de forma a aumentá-los ou diminuí-los conforme a proximidade de conclusão do projeto.

Tipo de Risco faltando mais de 2 anos para concluir o projeto: Ameaça Alta.

Tipo de Resposta ao Risco: Prevenir.

Resposta ao Risco: Mostrar eficiência e eficácia no trabalho.

Gatilhos: Clima organizacional da empresa, estresse pessoal, troca de sistemas antigos nos quais trabalha atualmente.

Plano de Contingência: Não usar cartão de crédito com exceção dos gastos previstos. Cortar ou reduzir possivelmente as seguintes despesas: Telefone e Internet, Cuidados Pessoais e Lazer.

Tipo de Risco <u>faltando menos de 2 anos</u> para concluir o projeto: Oportunidade Alta.

Tipo de Resposta ao Risco: Explorar.

Resposta ao Risco: Conversar sabiamente com os gestores sobre seu desejo de deixar a empresa.

Gatilhos: Proximidade do alcance do projeto de I.F ou oportunidade de trocar de carreira.

Plano: Conversar com gestores pedindo que me demitam assim que possível, para que não perca o direito à multa do FGTS. Os benefícios a que terei direito, caso isso ocorra, acelerará em vários meses o projeto.

Risco 2: Inflação

Descrição: Por conta da inflação, o mesmo dinheiro (quantia) hoje, não terá o mesmo valor amanhã.

Tipo de Risco: Ameaça Moderada.

Tipo de Resposta ao Risco: Prevenir.

Resposta ao Risco: Direcionar ao menos 30% dos recursos para investimentos que rendam de acordo com a inflação. Ex.: Tesouro IPCA.

Gatilhos: Índice IPCA acima de 5%.

Plano de Contingência: Aumentar para pelo menos 50%, os investimentos que rendam de acordo com a inflação. Ex.: Tesouro IPCA.

Risco 3: Venda do imóvel

Descrição: Vender o imóvel próprio por pelo menos R$450.000,00.

Tipo de Risco: Oportunidade Alta.

Tipo de Resposta ao Risco: Explorar.

Gatilhos: Atentar para valorização ou desvalorização do imóvel.

Plano: Investir R$200.000,00 do valor da venda no projeto de IF (Independência Financeira) e comprar um imóvel menor garantindo a sensação de segurança da família em se ter um imóvel próprio.

Sabemos até agora o que fazer, mas precisamos saber também como fazer para alcançar cada etapa, cada entrega, detalhar o escopo.

Efraim começou o dele, ele detalhou cada entrega, colocando o objetivo de cada ano, mas você pode quebrar em mais tarefas ainda, detalhar por mês, por exemplo...

Nos dois primeiros anos, Efraim planejou investir menos, pois ainda estava pagando o imóvel que financiou, mas depois de três anos ele planejou aumentar consideravelmente os investimentos, devido à quitação prevista desta dívida. Ele ainda pretende vender posteriormente este mesmo imóvel, que vem sofrendo forte valorização.

Veja como ficou o planejamento macro do escopo de nosso case e desenvolva o seu também!

Entrega 1: Fôlego (Reserva de Emergência)

Objetivo: Alcançar o montante de R$24.000,00 a fim de ter uma reserva de emergência suficiente para cobrir 12 meses das despesas, caso eu seja demitido ou peça demissão na empresa em que trabalho antes de concluir o projeto de I.F.

Custo: R$24.000,00

Prazo: 2 anos.

Etapas:

1. Ano 2018 (Meta R$11.000,00)

2. Ano 2019 (Meta R$13.000,00)

Como fazer:

Ano 2018

- Investir mensalmente R$500,00 através das receitas fixas;

- Investir anualmente R$5.000,00 através das receitas variáveis.

Ano 2019

- Investir mensalmente R$600,00 através das receitas fixas;

- Investir anualmente R$5.000,00 através das receitas variáveis;
- Conseguir pelo menos R$800,00 de juros

Entrega 2: Tranquilidade (Reserva de Estabilidade Financeira)

Objetivo: Alcançar rendimento de aproximadamente R$1200,00 em investimentos a fim de arcar com as despesas classificadas como "Necessárias".

Custo acumulado: R$240.000,00

Prazo: 1 ano.

Etapas:

1. Ano 2020 (Meta de R$216.000,00)

Como Fazer:

Ano 2020

- Investir mensalmente R$700,00 através das receitas fixas;
- Investir anualmente R$6.000,00 através das receitas variáveis;
- Conseguir ao menos R$1.600,00 de juros.
- Vender o imóvel e investir R$200.000,00 do valor da venda.

Entrega 3: Liberdade (Reserva de Independência Financeira)

Objetivo: Alcançar rendimento de aproximadamente R$2.000,00 em investimentos a fim de arcar com todas as despesas: Necessárias, Desejáveis e Supérfluas.

Custo acumulado: R$400.000,00

Prazo: 2 anos.

Etapas:

1. Ano 2021 (Meta de R$45.000,00)

2. Ano 2022 (Meta de R$115.000,00)

Como Fazer:

Ano 2021

- Investir mensalmente R$2000,00 através das receitas fixas;

- Investir anualmente R$6.000,00 através das receitas variáveis;

- Conseguir ao menos R$15.000,00 de juros.

Ano 2022

- Investir mensalmente R$2000,00 através das receitas fixas;

- Investir anualmente R$6.000,00 através das receitas variáveis;

- Conseguir ao menos R$17.000,00 de juros;

- Conseguir ao menos R$68.000,00 com rescisão do contrato trabalho.

Até aqui temos o objetivo traçado, a justificativa do projeto e seus benefícios. Sabemos o que queremos e como fazer para chegar lá, definimos os custos e o prazo (recebemos a ajuda da tríplice restrição em gerenciamento de projetos: Escopo, Tempo e Custos). Além disto, já conhecemos as premissas e já empregamos o conhecimento da área de Gerenciamento de Riscos.

Precisamos ainda validar se o andamento de cada tarefa está de acordo com o planejamento previsto.

Está sendo feito o que foi solicitado? Está de acordo com o escopo? Estamos investindo de acordo com o planejado? Os investimentos estão juntos rendendo ao menos 0,5% de juros líquidos mensais? **Tudo isto é tratado no gerenciamento da qualidade que cuida da melhoria contínua.**

Qual o critério de aceitação de cada tarefa, cada entrega? Se não estiver de acordo, será preciso replanejar, recalcular o caminho, verificar se haverá impacto em outras áreas, como por exemplo, tempo e custos...

Veja a seguir o controle de qualidade de Efraim, o planejamento para monitorar o andamento do seu projeto.

Critérios de Aceite:

Avaliação 2018
- Ótimo (100% da meta alcançada em dez/18)
- Bom (Ao menos 90 % da meta alcançada em dez/18)
- Regular (Ao menos 80 % da meta alcançada em dez/18)

- Péssimo (Menos de 80 % da meta alcançada em dez/18)

Avaliação 2019

- Ótimo (100% da meta alcançada em dez/19)
- Bom (Ao menos 90 % da meta alcançada em dez/19)
- Regular (Ao menos 80 % da meta alcançada em dez/19)
- Péssimo (Menos de 80 % da meta alcançada em dez/19)

Avaliação 2020

- Ótimo (100% da meta alcançada em dez/20)
- Bom (Ao menos 90 % da meta alcançada em dez/20)
- Regular (Ao menos 80 % da meta alcançada em dez/20)
- Péssimo (Menos de 80 % da meta alcançada em dez/20)

Avaliação 2021

- Ótimo (100% da meta alcançada em dez/21)
- Bom (Ao menos 90 % da meta alcançada em dez/21)
- Regular (Ao menos 80 % da meta alcançada em dez/21)
- Péssimo (Menos de 80 % da meta alcançada em dez/21)

Avaliação 2022

- Ótimo (100% da meta alcançada em dez/22)
- Bom (Ao menos 90 % da meta alcançada em dez/22)
- Regular (Ao menos 80 % da meta alcançada em dez/22)
- Péssimo (Menos de 80 % da meta alcançada em dez/22)

OBS.: Replanejamento do projeto será necessário, se ao final de qualquer ano tiver como resultado da avaliação "Regular" ou "Péssimo".

Precisamos atentar cuidadosamente para as pessoas que serão beneficiadas ou impactadas pelo projeto, gerenciar os _stakeholders_, verificar todos envolvidos, direta ou indiretamente.

Será que minha sogra, meu filho, meu chefe, podem contribuir para a realização do projeto? Será que podem se enxergar prejudicados? Podem ser bloqueadores?

A intenção é trabalhar fazendo o possível para tê-los como aliados e não bloqueadores.

Efraim é casado e se sua esposa não estiver de acordo com o projeto, dificilmente ele logrará êxito nesta empreitada. O livro de Amós 3:3 na Bíblia sagrada declara: "Andarão dois juntos se não estiverem de acordo?".

Efraim listou os envolvidos e as ações a serem tomadas, viu sua esposa como aliada e seu filho momentaneamente como bloqueador, por conta deste corriqueiramente estourar o orçamento da família com gastos supérfluos.

Envolvidos:

Esposa – Aliada – Mantê-la assim.

Filho – Bloqueador – Orientá-lo e influenciá-lo amostrando os benefícios do projeto de IF para ele, a fim de tê-lo também como aliado.

Efraim não se esqueceu da **gestão da área de Recursos Humanos, que cuida dos responsáveis por cada tarefa.**

Responsáveis:

Efraim – Gerente do projeto e responsável pela diversificação dos investimentos e relatórios motivacionais.

Esposa – Responsável pela análise e controle do orçamento.

Lembrando-se da área de gerenciamento de Aquisições, verificou ainda se era necessário comprar algo, contratar alguém, algum serviço...

Preciso de um consultor financeiro? Preciso abrir conta em uma corretora? Preciso de um livro, curso para especialização?

Lista de Aquisições de Efraim:

- ✓ Comprar o livro "A Gestão de Projetos na Independência Financeira: Crie seu Projeto de Liberdade" de Débora Aieta;
- ✓ Abrir conta em uma corretora para abrir meu leque de opções em investimentos, não ficar preso a um banco;
- ✓ Fazer os seguintes cursos na Fundação Getúlio Vargas (de graça):
  - ▪ Como organizar o orçamento familiar;
  - ▪ Como gastar conscientemente;
  - ▪ Como planejar a aposentadoria;

- Como fazer investimentos 1;
- Como fazer investimentos 2.

Obs.: Todos os cursos acima estão disponíveis em: **http://www5.fgv.br/fgvonline/Cursos/Gratuitos**

Efraim **planejou ainda como deveria ser feita a comunicação aos envolvidos do projeto, qual a periodicidade, o que poderia fazer para mantê-los motivados e engajados com o cumprimento do mesmo.**

Ele fez até um organograma com as entregas e um gráfico motivacional para acompanhar os investimentos já realizados, os juros ganhos e quanto se falta para alcançar a meta do ano.

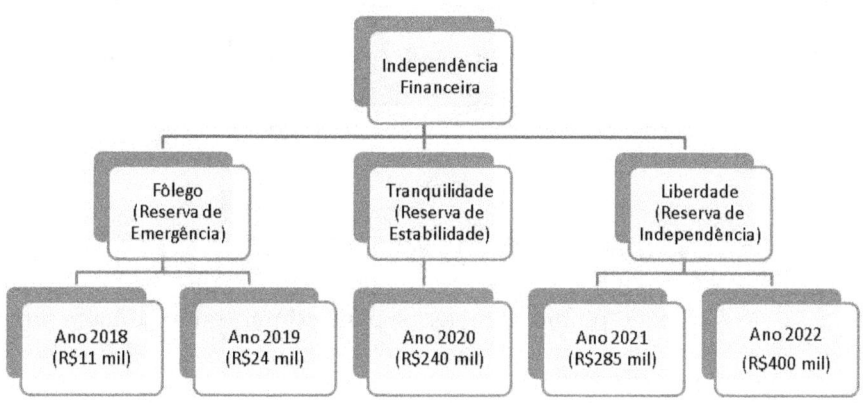

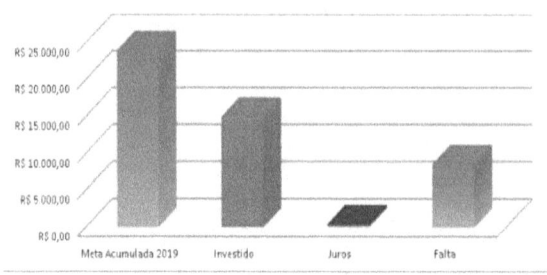

Renda Passiva Atual:	R$ 77,00
Meta Acumulada 2019	R$ 24.000,00
Investido	R$ 15.000,00
Juros	R$ 400,00
Falta	R$ 8.600,00

Cenário atualizado em março/2019

Meta Acumulada 2019: R$24.000,00

Investido: R$15.000,00

Juros: R$400,00

Falta: R$8.600,00

Renda Passiva Atual: R$77,00

Obs.: "Estamos quase pagando à conta de água"! Podemos adicionar pequenas comemorações extras, conforme cada despesa vai sendo paga com o crescimento da renda passiva.

Planejamento da Comunicação:

- ✓ Fazer reuniões mensais para comunicar o andamento do projeto;
- ✓ Amostrar relatórios motivacionais de acompanhamento;
- ✓ Marcar comemorações por entregas alcançadas do projeto.

- **Comemorações**

Reserva de Emergência (Fôlego)

Alcançada no dia ----------------------------

Local da Comemoração: --

Data da Comemoração: --

Reserva de Estabilidade (Tranquilidade)

Alcançada no dia ----------------------------

Local da Comemoração: --

Data da Comemoração: --

Reserva de Independência Financeira (Liberdade)

Alcançada no dia ----------------------------

Local da Comemoração: --

Data da Comemoração: --

Por fim, ele se preocupou com a **integração, para que as áreas andassem juntas, em harmonia, pois a alteração de uma pode impactar em várias outras, precisando do replanejamento de cada uma delas.**

Por exemplo, se em algum mês ele investir menos do que o previsto, ou obter juros bem inferior que o planejado, pode causar impacto no tempo, aumentando-o. Se receber uma promoção, ganhar mais e resolver investir mais, pode também diminuir o mesmo.

O planejamento inicial completo do projeto de Efraim ficou bom, bonito, viável, acreditável, desafiador, empolgante, mas ele está ciente de que mudanças poderão ocorrer ao longo do caminho, imprevistos, por mais que ele seja competente na gestão de riscos e no planejamento como um todo.

Ele não é do tipo que desiste, não fica frustrado por muito tempo, aprendeu também em Gerenciamento de Projetos, com o PMBOK (2013), que é necessário ter um **Controle de Mudanças, pois não somos imunes a elas que estão sempre por aí nos surpreendendo...**

Efraim não é do tipo que paralisa ou recua frente às mudanças, ele replaneja, recalcula o caminho e segue adiante. A trilha continua, o projeto ainda não encerrou...

Que assim seja com você, haja o que houver, não desista, você consegue! Avante ao alvo!

PROJETO EFRAIM DE INDEPENDÊNCIA FINANCEIRA

Objetivo:

Conseguir independência financeira investindo R$400.000,00 em ativos, em 5 anos, para obter uma renda passiva mensal de cerca de R$2.000,00. A partir daí, passar a sacar os juros líquidos (estimativa de 0,5% ao mês, descontando inflação, IR e taxas).

Prazo: Início em jan/2018 e Término em dez/2022.

Justificativa:

Conquistar a Independência Financeira a fim de se ter liberdade para trabalhar se quiser, sem prejudicar o padrão de vida de minha família.

Benefícios:

o   Mais tempo para esposa e filhos;

o   Mais tempo para mim;

o   Mais tempo para se envolver com atividades beneficentes;

o   Mais tempo para diversão;

o   Mais tempo para o que importa;

o Liberdade para trabalhar se quiser;

o Manter o padrão de vida da família independente do trabalho;

o Explorar coisas novas;

o Possibilidade de mudança de carreira (contribuir com a sociedade fazendo o que gosto).

Etapas:

o Reserva de emergência (Fôlego): Suficiente para arcar 1 ano com as despesas em caso de emergência;

o Reserva de estabilidade (Tranquilidade): Suficiente para gerar uma renda passiva a fim de arcar com as despesas necessárias;

o Reserva de liberdade (Independência Financeira): Suficiente para gerar uma renda passiva a fim de arcar com todas as despesas necessárias, desejáveis e supérfluas.

MVP: Alcançar ao menos a Reserva de Estabilidade (Tranquilidade).

Premissas:

o O tempo e o custo dos investimentos considerou que Efraim estivesse empregado na mesma empresa, com receitas e despesas equivalentes a que ele tem atualmente.

o Efraim comprometeu-se com sua esposa a não fazer dívidas propositais fora do orçamento previsto que possam impactar o andamento do projeto.

Riscos:

Risco 1: Emprego sem estabilidade

Descrição: Emprego em empresa privada pode ser perdido ou deixado por Efraim antes da realização do projeto, podendo comprometer significativamente o prazo e o custo estimado, de forma a aumentá-los ou diminuí-los conforme a proximidade de conclusão do projeto.

Tipo de Risco faltando mais de 2 anos para concluir o projeto: Ameaça Alta.

Tipo de Resposta ao Risco: Prevenir.

Resposta ao Risco: Mostrar eficiência e eficácia no trabalho.

Gatilhos: Clima organizacional da empresa, estresse pessoal, troca de sistemas antigos nos quais trabalha atualmente.

Plano de Contingência: Não usar cartão de crédito com exceção dos gastos previstos. Cortar ou reduzir possivelmente as seguintes despesas: Telefone e Internet, Cuidados Pessoais e Lazer.

Tipo de Risco faltando <u>menos de 2 anos</u> para concluir o projeto: Oportunidade Alta.

Tipo de Resposta ao Risco: Explorar.

Resposta ao Risco: Conversar sabiamente com os gestores sobre seu desejo de deixar a empresa.

Gatilhos: Proximidade do alcance do projeto de I.F ou oportunidade de migrar para carreira que gosto.

Plano: Conversar com gestores pedindo que me demitam assim que possível, para que não perca o direito à multa do FGTS. Os benefícios a que terei direito caso isso ocorra acelerará em vários meses o projeto.

Risco 2: Inflação
Descrição: Por conta da inflação, o mesmo dinheiro (quantia) hoje, não terá o mesmo valor amanhã.

Tipo de Risco: Ameaça Moderada.

Tipo de Resposta ao Risco: Prevenir.

Resposta ao Risco: Direcionar ao menos 30% dos recursos para investimentos que rendam de acordo com a inflação. Ex.: Tesouro IPCA.

Gatilhos: Índice IPCA acima de 5%.

Plano de Contingência: Aumentar para pelo menos 50% os investimentos que rendam de acordo com a inflação. Ex.: Tesouro IPCA.

Risco 3: Venda do imóvel

Descrição: Vender o imóvel próprio por pelo menos R$450.000,00.

Tipo de Risco: Oportunidade Alta.

Tipo de Resposta ao Risco: Explorar.

Gatilhos: Atentar para valorização ou desvalorização do imóvel.

Plano: Investir R$200.000,00 do valor da venda no projeto de IF (Independência Financeira) e comprar um imóvel menor garantindo a sensação de segurança da família em se ter um imóvel próprio.

Entregas:

Entrega 1: Fôlego (Reserva de Emergência)

Objetivo: Alcançar o montante de R$24.000,00 a fim de ter uma reserva de emergência suficiente para cobrir 12 meses das despesas, caso eu seja demitido ou peça demissão na empresa em que trabalho antes de concluir o projeto de I.F.

Custo: R$24.000,00

Prazo: 2 anos

Etapas:

- ✓ Ano 2018 (Meta R$11.000,00)
- ✓ Ano 2019 (Meta R$13.000,00)

Como fazer:

Ano 2018

- Investir mensalmente R$500,00 através das receitas fixas;
- Investir anualmente R$5.000,00 através das receitas variáveis.

Ano 2019

- Investir mensalmente R$600,00 através das receitas fixas;
- Investir anualmente R$5.000,00 através das receitas variáveis;
- Conseguir pelo menos R$800,00 de juros.

Entrega 2: Tranquilidade (Reserva de Estabilidade Financeira)

Objetivo: Alcançar rendimento de aproximadamente R$1200,00 em investimentos a fim de arcar com as despesas classificadas como "Necessárias".

Custo acumulado: R$240.000,00

Prazo: 1 ano

Etapas:

- ✓ Ano 2020 (Meta de R$216.000,00)

Como Fazer:

Ano 2020

- Investir mensalmente R$700,00 através das receitas fixas;

- Investir anualmente R$6.000,00 através das receitas variáveis;

- Conseguir ao menos R$1.600,00 de juros.

- Vender o imóvel e investir R$200.000,00 do valor da venda.

Entrega 3: Liberdade (Reserva de Independência Financeira)

Objetivo: Alcançar rendimento de aproximadamente R$2.000,00 em investimentos a fim de arcar com todas as despesas: Necessárias, Desejáveis e Supérfluas.

Custo acumulado: R$400.000,00

Prazo: 2 anos

Etapas:

- ✓ Ano 2021 (Meta de R$45.000,00)

- ✓ Ano 2022 (Meta de R$115.000,00)

Como Fazer:

Ano 2021

- Investir mensalmente R$2000,00 através das receitas fixas;

- Investir anualmente R$6.000,00 através das receitas variáveis;

- Conseguir ao menos R$15.000,00 de juros.

Ano 2022

- Investir mensalmente R$2000,00 através das receitas fixas;

- Investir anualmente R$6.000,00 através das receitas variáveis;

- Conseguir ao menos R$17.000,00 de juros;

- Conseguir ao menos R$68.000,00 com rescisão do contrato trabalho.

- **Critérios de Aceite:**

Avaliação 2018
- Ótimo (100% da meta alcançada em dez/18)
- Bom (Ao menos 90 % da meta alcançada em dez/18)
- Regular (Ao menos 80 % da meta alcançada em dez/18)
- Péssimo (Menos de 80 % da meta alcançada em dez/18)

Avaliação 2019
- Ótimo (100% da meta alcançada em dez/19)
- Bom (Ao menos 90 % da meta alcançada em dez/19)
- Péssimo (Menos de 80 % da meta alcançada em dez/19)
- Regular (Ao menos 80 % da meta alcançada em dez/19)

Avaliação 2020
- Ótimo (100% da meta alcançada em dez/20)

- Bom (Ao menos 90 % da meta alcançada em dez/20)
- Regular (Ao menos 80 % da meta alcançada em dez/20)
- Péssimo (Menos de 80 % da meta alcançada em dez/20)

Avaliação 2021

- Ótimo (100% da meta alcançada em dez/21)
- Bom (Ao menos 90 % da meta alcançada em dez/21)
- Regular (Ao menos 80 % da meta alcançada em dez/21)
- Péssimo (Menos de 80 % da meta alcançada em dez/21)

Avaliação 2022

- Ótimo (100% da meta alcançada em dez/22)
- Bom (Ao menos 90 % da meta alcançada em dez/22)
- Regular (Ao menos 80 % da meta alcançada em dez/22)
- Péssimo (Menos de 80 % da meta alcançada em dez/22)

Envolvidos:

> **Pessoa:** Esposa
> **Tipo:** Aliada
> **Ação:** Mantê-la assim

> **Pessoa:** Filho
> **Tipo:** Bloqueador
> **Ação:** Orientá-lo e influenciá-lo amostrando os benefícios do projeto de IF, a fim de que possa tê-lo também como aliado.

Responsáveis:

Pessoa: Efraim
Responsabilidade: Gerente do projeto e responsável pelos investimentos e relatórios motivacionais.

Pessoa: Esposa
Responsabilidade: Análise e controle do orçamento.

Lista de Aquisições de Efraim:

✓ Comprar o livro "A Gestão de Projetos na Independência Financeira: Crie seu Projeto de Liberdade" de Débora Aieta;

✓ Abrir conta em uma corretora para abrir meu leque de opções em investimentos, não ficar preso a um banco;

✓ Fazer os cursos gratuitos na Fundação Getúlio Vargas para aprimorar o conhecimento na área de finanças domésticas.

Planejamento da Comunicação:

✓ Fazer reuniões mensais para comunicar o andamento do projeto;

✓ Amostrar relatórios motivacionais de acompanhamento;

✓ Marcar comemorações por entregas alcançadas do projeto.

Comemorações

Reserva de Emergência (Fôlego)

Alcançada no dia -----------------------------

Local da Comemoração:--

Data da Comemoração: --

Reserva de Estabilidade (Tranquilidade)

Alcançada no dia -----------------------------

Local da Comemoração:--

Data da Comemoração: --

Reserva de Independência Financeira (Liberdade)

Alcançada no dia -----------------------------

Local da Comemoração:--

Data da Comemoração: --

Obs.: Qualquer alteração em qualquer área, todas as outras deverão ser revistas para análise do impacto da mudança e possível replanejamento.

Débora Oliveira Aieta de Melo

FAÇA SEU PRÓPRIO PROJETO DE INDEPENDÊNCIA FINANCEIRA

Agora chegou a sua vez de esboçar seu próprio projeto de independência financeira com o auxílio da Gestão de projetos, com as 10 áreas de conhecimento do PMBOOK (escopo, tempo, custos, qualidade, riscos, recursos humanos, partes interessadas, comunicações, aquisições e integração).

Lembre-se de Efraim e comece listando suas despesas.

Um passo de cada vez até que o percurso seja concluído!

É inevitável que mudanças e imprevistos aconteçam, ainda que a gerência de riscos seja excelente e a integração de todas as áreas esteja em perfeita harmonia.

Provavelmente terás que recalcular o caminho ao longo do trajeto, mas não desista, não saia dele, alcance o alvo! Você nasceu para vencer, já nasceu vencendo...

Meu padrão de vida
(Consigo viver bem com: R$---------------)

Despesas Necessárias (Total: R$-------------)

1. ----------------------------- Custo:------------------

2. ----------------------------- Custo:------------------

3. ----------------------------- Custo:------------------

4. ----------------------------- Custo:------------------

5. ----------------------------- Custo:------------------

Despesas Desejáveis (Total: R$-------------)

6. ----------------------------- Custo:------------------

7. ----------------------------- Custo:------------------

8. ----------------------------- Custo:------------------

Despesas Supérfluas (Total: R$----------------)

9. ----------------------------- Custo:------------------

10. ----------------------------- Custo:------------------

INDEPENDÊNCIA FINANCEIRA

Objetivo

Justificativa

Benefícios:

✓ --

✓ --

✓ --

✓ --

✓ --

Etapas:

MVP:

Premissas:

<u>Riscos</u>

1. ---

Descrição: --

Tipo de Risco: --

Tipo de Resposta ao Risco: --

Resposta ao Risco: ---

Gatilhos: --

Plano de Contingência: --

----

2. ---

Descrição: ---

Tipo de Risco: ---

Tipo de Resposta ao Risco: --

Resposta ao Risco: ---

Gatilhos: --

Plano de Contingência: --

----

3. ---

Descrição: --

Tipo de Risco: ---

Tipo de Resposta ao Risco: ---

Resposta ao Risco: ---

Gatilhos: --

Plano de Contingência: ---

Entregas

1. ---

Objetivo: ---

Custo acumulado: ----------------------------

Prazo: --

Etapas:

✓ --

✓ --

✓ --

Como Fazer:

----

2. ---

Objetivo: --

Custo acumulado: ----------------------------

Prazo: ---

Etapas:

✓   --

✓   --

✓   --

Como Fazer:

----

3. ---

Objetivo: --

Custo acumulado: ----------------------------

Prazo: --

Etapas:

- ✓ --

- ✓ --

- ✓ --

Como Fazer:

Critérios de Aceite

Avaliação (---)

- Ótimo ---
- Bom ---
- Regular ---
- Péssimo ---

Avaliação (---)

- Ótimo ---
- Bom ---
- Regular ---
- Péssimo ---

Avaliação (---)

- Ótimo ---
- Bom ---
- Regular ---
- Péssimo ---

Envolvidos:

Pessoa: --

Tipo: --

Ação: --

Pessoa: --

Tipo: --

Ação: --

Pessoa: --

Tipo: --

Ação: --

Responsáveis:

Pessoa: --

Responsabilidade: --------------------------------

Pessoa: --

Responsabilidade: --------------------------------

Pessoa: --

Responsabilidade: --------------------------------

Aquisições:

✓ --

✓ --

✓ --

✓ --

✓ --

Planejamento da Comunicação:

✓ --

✓ --

✓ --

✓ --

✓ --

✓ --

✓ --

✓ --

- ## Comemorações

Reserva de Emergência (Fôlego)

Alcançada no dia ------------------------------

Local da Comemoração:---

Data da Comemoração: ---

Reserva de Estabilidade (Tranquilidade)

Alcançada no dia ------------------------------

Local da Comemoração:---

Data da Comemoração: ---

Reserva de Independência Financeira (Liberdade)

Alcançada no dia ------------------------------

Local da Comemoração:---

Data da Comemoração: ---

Obs.: Qualquer alteração em qualquer área, todas as outras deverão ser revistas para análise do impacto da mudança e possível replanejamento.

Outras observações:

Assinatura

CONSIDERAÇÕES FINAIS

A Gestão de Projetos tem uma importância fundamental na vida de quem deseja alcançar a independência financeira, com ela podemos nos livrar dos motivos que nos impedem de alcançar tal liberdade, por meio dela temos o caminho das pedras.

Ela nos ensina a iniciar, planejar, executar, monitorar e concluir em cada uma de suas dez áreas.

Com o auxílio da (**gestão do escopo**) entendemos o que se quer e o detalhamento de como alcançar tal objetivo, o passo a passo, nossa bússola.

Além de saber o que se quer e como fazer, precisamos saber o quanto custa, nosso orçamento, limites de gastos e investimentos (**gestão de custos**) e qual o prazo para alcançarmos, nosso cronograma, nosso relógio (**gestão do tempo**).

Planejar resposta aos riscos, às ameaças e oportunidades (**gestão de riscos**), conhecer e gerenciar as partes interessadas que se beneficiarão do projeto ou serão impactadas por ele (**gestão de stakeholders**) e mantê-las aliadas, se possível, e bem informadas no que for necessário (**gestão das comunicações**).

Encarregar os responsáveis da execução (**gestão de recursos humanos**), verificar se será preciso comprar ou contratar algum produto ou serviço (**gestão das aquisições**).

Assegurar a qualidade de que foi entregue o que foi pedido em cada etapa (**gestão da qualidade**).

E por fim montar o quebra-cabeça através da integração de todas as áreas, afinal elas trabalham juntas (**gestão da integração**) e qualquer mudança em alguma delas pode afetar as demais (controle de mudanças).

O alcance deste projeto pessoal, afeta positivamente à qualidade de vida e bem-estar emocional e familiar do indivíduo, bem como seu aprimoramento intelectual e profissional.

É proveitoso também para o desenvolvimento das empresas e da sociedade em geral, uma vez que estas passam a contar com profissionais de fato vocacionados para os serviços que realizam, pessoas que trabalham por prazer, sem medo de perder o emprego por conta do dinheiro.

CURIOSIDADES

Efraim por quê?

Caso você tenha achado este nome um tanto diferente e isto tenha aguçado sua curiosidade, quero te dizer que de fato não o coloquei por acaso na suposta pessoa e no projeto fictício de liberdade financeira; é, foi proposital mesmo.

Efraim vem do hebraico Ephráyim e significa **"frutífero"**, **"fértil"** ou **"aquele que multiplica"** segundo o dicionário online de nomes próprio. Disponível em:

<https://www.dicionariodenomesproprios.com.br/efraim/>
Acesso em: 22 abr. 2019.

Efraim foi o nome que José da Bíblia Sagrada, filho de Jacó, apelidado de "sonhador" por zombaria de seus irmãos, que foi de escravo a governador do Egito e salvou sua família e a terra da fome, colocou em seu segundo filho nascido no Egito.

Ele disse assim quando o menino nasceu, em **Gênesis 41.52: Deus me fez crescer (prosperar) na terra da minha aflição.**

Talvez você não esteja hoje na sua zona de conforto, talvez esteja até como José, em uma terra estranha de sofrimento e aflição, mas que você faça à diferença independente do lugar, que Deus te faça prosperar em qualquer circunstância. O importante é que Ele esteja contigo, esteja onde você estiver!

Agradecimentos

Primeiramente a Deus que me mandou transformar meu artigo científico da Pós em Gestão de Projetos que cursei na Uninter, neste livro, a fim de abençoar sua vida;

Ao meu esposo que ao tomar ciência do meu artigo, sugeriu logo que escrevesse um livro, mas não dei muita atenção, até que Deus me mandou um recado através de outra pessoa para confirmar, com direito a instruções, não citarei o nome para resguardá-la, mas é uma amiga e mãe espiritual para mim;

Aos meus pais, meus grandes exemplos;

A minha filha Moriah, cujo nome significa "Deus é o meu professor" e que com sete anos se demonstra uma boa aluna, uma financista solidária e negociadora;

Ao meu filho Daniel que já nasceu contrariando a lógica, uma médica disse que não podia bater o martelo ainda, mas que para ela eu tinha sofrido um aborto; porém como Deus é quem bate o martelo na minha vida, o nome do meu filho significa "Deus é o meu juiz";

Aos Colegas da SulAmérica que foram os pioneiros a assistir minha palestra sobre este assunto;

E especialmente aos familiares, amigos e irmãos que oram por mim e por minha família;

Estes cuja vitória de um é vitória de todos!

Bibliografia

PMI – Project Management Institute. Um guia do conhecimento em gerenciamento de projetos **(Guia PMBOK)**. 5. ed. Project Management Institute, 2013.

MONTES, E. Gerenciamento das comunicações em projetos. **Escritório de Projetos**, 2009. Disponível em: <https://escritoriodeprojetos.com.br/gerenciamento-das-comunicacoes-do-projeto>. Acesso em: 18 mar. 2017.

BARBI, F. C. (2010). **Análise dos *stakeholders*.** Disponível em: <http://www.gestaodeprojeto.info/analise-dos-stakeholders>. Acesso em: 15 fev. 2013.

CERBASI, Gustavo. **Casais Inteligentes Enriquecem Juntos**: 2. ed. Rio de Janeiro: Sextante, 2012

EKER, T. Harv. **Os Segredos da Mente Milionária**: Rio de Janeiro: Sextante, 1992

ÁVILA, Leandro. **Independência Financeira**: Fortaleza, 2018

PEREIRA, Diogo. **O Caminho para a Independência Financeira**: 1. ed. Viver de Investimento, 2015. Disponível em http://viverdeinvestimento.com/ebook. Acesso em: 24 out. 2018.

CERBASI, Gustavo. **10 Etapas para equilibrar suas finanças, sua situação financeira e multiplicar suas riquezas com maior liberdade de escolha.** Disponível em: <https://pt.scribd.com/document/325925459/Gustavo-Cerbasi-10-Etapas>. Acesso em: 24 out. 2018.

VUONO, Renato. **"O novo Aposentado".** Disponível em:< http://lp.dinheirama.com/ebook-novo-aposentado>. Acesso em: 24 out. 2018.

BLANCO, Sandra. **Saiba como ter uma renda de R$ 4 mil por mês com investimentos.** Disponível em: <https://g1.globo.com/economia/seu-dinheiro/especial-publicitario/orama/noticia/saiba-como-ter-uma-renda-mensal-de-r-4-mil-por-mes-com-investimentos.ghtml>. Acesso em: 24 out. 2018.

ABNT – Associação Brasileira de Normas Técnicas. **ISO 31000**: Gestão de riscos – Princípios e diretrizes. Rio de Janeiro, 2009. Disponível em:

<https://gestravp.files.wordpress.com/2013/06/iso31000-gestc3a3o-de-riscos.pdf>.
Acesso em: 25 abr. 2018.

Bíblia Sagrada

DISPONÍVEL EM: <HTTP://WWW.BIBLIAONLINE.COM.BR> >. ACESSO EM: 22 ABR. 2018.

Dicionário de nomes próprios

DISPONÍVEL EM:
<HTTPS://WWW.DICIONARIODENOMESPROPRIOS.COM.BR/EFRAIM/ >.
ACESSO EM: 22 ABR. 2018.